Venac

Bepina

Venac

Poezija

Autor: Bepina
Puno ime i prezime: Bepina Pincic
Jezik: Srpski
Pismo : Latinica
Grupa čitalaca : Ifinity
Kategorija : Poezija
Naslovnica: Bepina

I sad sanjam

Neka te greje

Zagrli vetar
Ti noći ove
Neka te greje
Ko oči moje

Neka ti kaže
Te reči dve
Da si meni bio
U životu sve

Snovima putujem
Tamo pa vamo
Tražim te ovde
Al' ti si opet tamo

Gde izlazi sunce
Koje nas sve grije
Al' bez tebe veruj
Do toga mi nije

Glas od mene golub
Doneće ti beli
Baš onako kako
I mi smo se sreli

I tebi se nadam
Dok me sunce grije
Al' srce se ovo
Samo tebi smije

Osmeh jedan ovaj
Sad se tebi nada
Dok te srce želi
A nada mi strada

Na pragu drvenom
Jedan uzdah osta
Čeka tvoju ljubav
Kao dragog gosta

Kao što rekoh

Kao što rekoh
Već tako davno
Sve mi je sada
Nekako ravno

Sve ove misli
Što prošle su kraj mene
Zaboravljajući
Život jedne žene

Prošle su godine
One naj lepše
U daljini ih vidim
Meni se smeše

Al' neko mi reče
Napred sad idi
Jer šta će biti sutra
Treba da se vidi

Ma ne brinem više
Zbog tuđih problema
Gde te neko merka
Tu ti hleba nema

Polako idem dok
Usna se smeši
I ne tražim nikog
Srce da mi teši

S'usana osmeh
Opet se neda
A srce ludo
Neće da se preda

Dok oči traže
U sutonu dana
Jer ipak je ljubav
duševna hrana

Pred Bogom

Neka te dodirne ruka
Kojom se srce leči
Poslušaj reči ove
Samo pred Bogom se kleči

Jer njegov pogled jedan
Otkloniće tebi muke
Spasiće onog kog voli
Iz gvozdene djavolje ruke

Neka ti ne luta srce
I ne ide bilo kuda
Za kamen zapeti nećeš
Jer Bog te prati svuda

I zato ti sine moj
S njegovog imena skloni laži
Imenom svetim se ponosi
Jer to Bog od nas traži

Prije nego dan prođe

Prije nego dan prođe
Skazaljke sata rekoše svoje
Da ne treba čekati više
Da navratiš ponovo, milo moje

Vremena bilo je dosta
Izabro ti si ono
Što ti je srcu drago
I što nije ništa novo

Al svako izbora ima
Pa je dato tako i tebi
Da ti se pamet vrati
I da dođeš malo sebi

Dobro otvori oči
Jer neće uvek moći
Jednom kad jutro prođe
Rosa će na počinak poći

Ne čuvaš zemlju

Pogledaj čoveče
Šta činiš sebi
Ono što ni najveći neprijatelj
Učinio ti nebi

Misliš poješćeš
Sve pare što brojiš
Pa ne čuvaš zemlju
Na kojoj stojiš

Gde ćeš se skloniti
Od Božijeg besa
Kad zemlja počne
Ko grana da se stresa

Kad pošalje četri
Jahača svoja
Da uništi slične tebi
koji su bez broja

Oćeš li reći
Da nepravda te stigla
Kad Božja ruka
Bude se digla

Da uništi one
Koji se hvale
Kad ubiju nekog
Iz tuđe države

Propagandu praviš
I svuda po svetu
Truješ tuđe sinove
Što su ko ptići u letu

Misliš, nekom treba
Taj tvoj osmeh lažni
Al' stiže neko
Ko će da te kazni

Zemlja

I zemlja je dete
Nečijih ruku
A tvoje je čoveče
Neprestalno tuku

Kidaju, pljuju,
Kopaju rane
Zar ne vidiš suze
Što kvase sve strane

Misliš srećan ćeš
Biti do veka
Al' ne znaš šta te
Sutra čeka

I vuče za rukav
Kida ti staze
Jer si ko temelj
Kojeg drugi gaze

Ljubav si svoju
Prodao lako
Živiš bez-brižno
Ovako i onako

Vičeš, rešićeš probleme
Tvoje bez broja
I misliš da zemlja je
Potpuno tvoja

Gde će te odvesti
Taj put bez snova
Ko ratnik bićeš
Bez svoga rova

Ostaćeš sam
Pod nebom da stojiš
I dane svoje
ko sitniš da brojiš

Zato
Probudi se

Iz košmarnog sna
Ne idi više do samog dna

Već ljubav svoju
Svetom raširi
Da ti se zemlja nasmeši
I da počne da ti se divi

Koraci u pesku

Ostali su koraci u pesku
Sad razumem što tad nisan znao
Al' se pitam šta mi život nudi
Zašto mi je tebe baš poslao

Svako čudo ima svoj početak
Tako mi se eto i ti desi
Puno sam se pitao do sada
Al' u srcu mome ipak jesi

Rešio sam ja da idem napred
Da prihvatim šta mi život pruža
Onaj miris davnoga proleća
Pa i tebe što si Majska ruža

Ostala su sad samo sećanja
I ruža je bela davno uvela
Samo priče što se znaju
Koje vode samom kraju
Tebe srećo su mi uzele

Zdravo Sunce

Zdravo, rekoh suncu
Što kroz teška draperja viri
Zdravo, reče mi sunce
I njegov se osmeh raširi

Pa polako jednim okom
Namigne na zelenu travu
Bez pitanja nastavi šetnju
I nepita da li se u znaju

Eh gde ti se žuri
Zastani trenutak samo malo
Ostavljaš me opet samu
Baš ko da ti nije stalo

Pa kradom šapatom svojim
Zamrsi kovrdže moje
Govori: Podigni glavu draga
I vidi ptice što poje

O Bože

O Bože spasi narod
Što traži spas
A do sada nije slušao
Tvoj dragi glas

Pogledaj i one
Koji se kaju
Koji žele da žive
Na zemlji, u raju

Čuj narode,
Bog nam se ne sveti
Govori nam
Ali nam ne preti

Šta ti treba više
Sad od mira
Od vetrića
Što kraj tebe svira

Pa kad zvezde
Prospu svoje čari
I jutarnje sunce
Ko li ga podari

Ti se seti
Stvoritelja tvoga
I ne gazi više
Ti ljudskoga roda

I eto ga sam
Što nije došo
Da nagradi svakog
Vernog sina
Koji njega čeka
Od davnih davnina

Sve je dao
Ovom ljudskom rodu
Plavim nebom
Ovom divnom svodu

Sunce sjajno
Pa i pitku vodu
Sad mu nudi
Život i slobodu

Batrovci

Mnogi su narasli negde
I ja sam eto tako
U jednom malom selu
Kog nije voleo svako

Zimi sam pravila sneška
Dolazila kući mokra
Majka se brinula stalno
Za svoje dete malo

A proleće kad stigne rano
Pa olista oko kuće naše
Cvetovi beli i roza
A sunce sa istoka
Krene da se voza

Pa opet ja se sećam
Onog prašnjavog puta
Skakanja preko vatre
I majke koja je ljuta

Al ipak zavoleh mesto
Gde cvrkuću čak i vrapci
Gde je zimi jako hladno
A leti ujedaju komarci

Na litici

Na litici jedna žena stoji
Kao sat joj srce minute sad broji
Usne pune ružičaste boje
Sve što vidiš može biti tvoje

Nasmeši se vetriću što šušti
Širi ruke al ih brzo spusti
Oči sjajne, nasmeši se diva
Ja znam da me srce tvoje sniva

Bez glasa te srce ovo zove
Želi znati sada misli tvoje
Pa ti šalje po golubu pismo
Pita stalno, «što zajedno nismo»

Al nada je ta što nas sada drži
I što kao sunce neprestano prži
Pa nas vrti tamo pa amo
Kao da se od uvek mi znamo.

I sad sanjam

Milion ruža
Dobila ja sam
Kroz pesme koje
Meni si slao

Milion ruža
Slao si meni
Dok si me svojom
Voljenom zvao

U snovima plovim
I tebi se nadam
A srce traži
Samo tebe

Želim bar jednom
Kad otvorim oči
Da ugledam tebe
Pored sebe

Ovo je srce
Ranjeno sto puta
Al' u snovima svojim
Ne prestaje da luta

Već ljubav svoju
Stavlja na sve strane
I čeka nekog
Bez i jedne mane

Okrećem stranicu
Života svoga
Jer neću da živim
Poput roba

Ozaren osmeh
Pripada meni
Kao i svakoj
Sretnoj ženi

Vičeš i huliš

Kinjiš se, ljutiš
Ispade praviš
Na stotine bogova
Tuđih ti slaviš

I opet ti nije
Dosta ni toga
Vičeš i huliš
Na pravog Boga

Čoveče,dok svoj mač
Dižeš prema Bogu
Zapamti da te može
Vetrićem oboriti s'nogu

Pa opet se gordo
U prsa tučeš
Nevidiš zlo
Što za sobom vučeš

Ne živi u prošlosti
Ne živi niko tako samo
Svoj pogled u budućnost uperi
Neko te čeka tamo

Velika si dela tvoja Oče
Pred čoveka ti stavio tada
Pa se pitam dal čoveka treba
Tol'ko volet' kao i nekada

Jedan život

Jedan život mi je malo
Da zaboravim
Sve one dane
Što smo tada dušo imali

Jedan život
Evo tužan
Sve više je
Meni ružan

Al se sećam
Onog dana
Kada sretoh
Tebe sama

Ostala je samo
Meni pesma
U srcu ovom
Sada sreća nesta

A zbog ono
malo tuge
Neka me slobodno
Iz sna probude

I tvoja me slika muči
U ušima buku pravi
Tu u ruci jedno pismo
Videli se dugo nismo

Ostala su samo pitanja
U ruci je tuga zaspala
Sad se pitam
Šta se desi

Hej ljubavi,
Gde si, gde si
Šta ću dalje
Sad bez tebe ja

Sneg

Kao što se sneg otapa sa planina
I zaliva zemlju žednu jutarnje rose
Početkom proleća reke će zagrliti
zrake jutarnjeg sunca koje se diže
da ogreje i one koji se Bogu mole

A i one koji su Boga zaboravili
Za razliku od onih prvihovi drugi
Boga se sete samo kada njima to
odgovara

U trenutcima kada po njihovim
proračunima Bog treba da bude tu
i da im ispuni njihove želje

Ne znam zašto ljudi očekuju da Bog
treba njima da služi
Umesto da to oni sami čine
prema njemu

Jedna priča

Bili smo jedna priča
A gde li si sada ti
Dok Dunavom lišće plovi
Ko reči prošle ljubavi

Ljubav je plela gnezdo
U našim srcima do sada
A život nam ne dade šansu
Da budemo sretni k'o nekada

Al opet sećanja ova
Dolaze nekako bez broja
Pletu i upliću reči
Nikog nema da ih spreči

Da čudo bude još veće
Ima tu negde i malo sreće
Nitima tankim po platnu šara
Morem uspomena plovi
Ko lađa bez mornara.

Baka

Sećam se davnih vremena
Bila su tako lepa
Kad nas je čuvala baka
Gluva i po malo slepa

A mi ko deca mala
Slušati nismo hteli
I ako smo našu baku
Grlili i voleli

U džepu od kecelje svoje
Baka je znala naći
Kockice šećera belog
Pa se nismo mogli maći

Znala je naša baka
Kako sa decom da radi
A kad nas u krevet široki stavi
San nam pričama sladi

Gledam sad slike detinjstva
I sećam se tog lepog vremena
U prošlost bi rado pošla
Al' ne mogu jer sad sam žena

Povratak

Obično kad odeš
Daleko od kuće
K'o gološav da stojiš
Osećaš i hladno i vruće
Pa ti dođe da ostaviš sve
Da vratiš se kući što brže, što pre

Pa onda kažeš još godinu samo
Al' ostaješ ko gluv
Još uvek tamo
Pronalaziš razloge
Zašto još to nisi
Upoznaješ sebe
Ko u stvari ti si

I kako godine
Prolaze polako
Pitaš sebe dal' ćeš
Hrabrosti ti steći
Održati ono što muči te stalno
A ne samo ponovo
Isto nekom reći

Suza

Suza će jedna pasti
Za onim što u samoći čeka
Što smeši se osmehom blagim
I čuva srce deteta

Radosti biće mnogo
Kad pronađem pogled ovaj
Koji me noćima budi
Dok na dlanu srce mi nudi

I svaki put kad krenem
Osećam pogled tajni
Koji me prati svuda
Ko noću mesec sjajni

I gde god da krenem sada
I gde god do sad da sam bila
Čuva me pogled jedan
K'o anđeo raširenih krila

Najlepša bašta

Kad prošetaš baštom ovom
I kraj raznog cveća prođeš
Ti tad digni pogled u vis
Prije no mom grobu dođeš

Tu ćeš videt' i heroje
Uzdigli se gordo stoje
Ko da sami i ne leže
Dok im decu suza steže

Pa u ovoj bašti punoj nade
Milioni suza do sada pade
Što za oca , majku, sestru
Muža, sina ili ćerku

Kreni sada stazom ovom
Ne donosi ništa nama
Jer što nama daješ druže
O tom lažne priče kruže

Tu ležimo i čekamo
Ne sanjamo, ne plačemo
Nek te boli ne razdiru
Osećanja što naviru

Ja otići nigde neću
Ne pali mi više sveću
Hrana meni ta ne treba
Jer ne jedem više hleba

Izgubljeno detinjstvo

Još uvek se sećam onoga mesta
Gde smo se k'o deca igrali tada
Gde nam ni prašina smetala nije
Dok smo se igrali žmurke i vije

Detinjstvo moje lepo
Gde odoše dani tvoji
Još se naigrala nisam
A starost godine, poče da broji

Devojka nisam nikad ni bila
Jer sam se udala sa šesnaest leta
I na brzinu postala žena
Iz onog razigranog, rumenog detata

Znam, mnogi su prošli isto
Pa i njih hvata nostalgična muka
A ja eto umaram pero
Što drži ga moja drhtava ruka

Al' pisati moram
Jer nešto mi neda mira
I ako još uvek ponekad čujem
Mog detinjstva muziku
Kako iz prošlosti tiho svira

Usnulo veče

Kada usnulo veče dođe
I noć njena pokrije krila
Pitaćeš devojko sama sebe
Šta si činila i gde si bila

Pa vetrić noćni kad prošeta
Tvojim sokakom
Tražeći duge ženske kose
Da ih ponese vihorom svojim
Ko pogledi tajni što osmehe nose

Al' devojko, ne trči tako brzo
Vreme će proći pored tebe
Zaboravljaš nešto što je važno
Zaboravljaš da misliš malo na sebe

I snovi tvoji otiće nekud
Odakle više nema nazad
Samo će život da broji bore
Što na licu tvom čvrsto da stoje

Ljubav nam brane

Zašto je brane kad znaju da ne
mogu
Tu našu ljubav oboriti s nogu
Jer dok god dišem ostaćeš tu
U srcu ovom, ko u naj lepšem snu

Jer ova ljubav za mene je sveta
Volim te mili poput deteta
I ovo sunce što ka nama sija
Gleda i vidi da nam ljubav prija

Uzdah za uzdahom iz grudi se ote
Što brane ljubav dobri živote
Ko da sami nisu voleli nekada
Jer ih je prošlo, pa zaboravljaju
sada

Neka nam pomogne onaj što može
Jer pred njim sklapam ruke i vičem
"O Bože!"
Razuma podaj onom ko brani
Da bude i on na našoj strani

Tuga u Maju

Nekom će Maj doneti najlepše
Cveće
A meni je doneo
Najtužnije proleće

Ni sanjala nisam
Šta mi sve nosi
Dok mi se tuga
Mrsila po kosi

Tad me napustiše Otac i majka
I ako mi život nije bio bajka

Al' sećam se ljubav je njihova
Bila ko zvezda sjajna
A ne sakrivena
Jer nije bila tajna

Njihovu ljubav želela sam i ja
I sve što jednom čoveku i ženi prija
Al život mi pruži momente tužne
Dade mi dane i godine ružne

Zbog oca i majke žrtva sam bila
Mnogo toga iz mog života
Od njih sam sakrila
Sad kad groblju krenem
Pokvase se oči
A srce se steže, mislim, neće proći

Žena

Za svaku ženu lepu i snenu
Stvoren je evo jedan dan
Da bar proživi u jednom danu
Onaj predivni ženski san

Dodeliše ženi u godini celoj
Dadoše eto i njoj jedan dan
Da gleda u snove ko u ruži sveloj
I da i dalje misli da je život san

Ne znaju oni ko vedri a ko mrači
I stvarno ne znaju šta reč žena
znači
Da je žena ona kroz koju se svet
rađa
I nije stvar ni potopljena lađa

Zato svaki pravi muškarac
Zna sa sigurnošću rečenicu ovu
Da žena nije stranac
Jer on kroz ženu gradi kuću novu

I još rečenica jedna
Ženi ne treba mamac
Nego da je kroz život vodi
Jedan pravi muškarac

Okrećem leđa

Iz tvojih usta je izašla reč koja vređa
Zato sam eto okrenula ti leđa
I pošla putem svoga raja
Gde me ljubav sa snovima spaja

Pričao ti si neke lažne priče
Dok moje srce nije stalo da viče
"Ljubavi hoću, predaj se meni,
Ne idi više toj drugoj ženi"

Izmišljaš prepreke neke stalno
Sad vidim da ti je do svega ravno
Govoriš pa gaziš jer su reči za to
Srce tuđe gledaš ko na lanjsko blato

Glavno je samo da je dobro tebi
Pored svih laži kako i nebi
Zbog toga eto okrećem ti leđe
Ne želim više da me neko vređa

Batrovci

Procvala je svaka krošnja
Procvalo je cveće
Šarene se sad Batrovci
Stiglo im proleće

Mirisi se šire svuda
Šljivici su puni čara
Nigde nema takvog mesta
Gde se živi i bez para

Škola stara al još stoji
Zapamtiše predci moji
Na raskršću česma stara
Presušila nema para

Al i pored svega toga
Nebih dala mesta moga
Ni za tuđe metropole
Koje mnogi sada vole

Osvoji me

Osvoji me pogledom iz ruke
Što se cakli nekim čudnim sjajem
Pa upitaj šta to beše juče
Dok i danas srce tebi dajem

Podari mi najlepše leptire
Pa mi dođi tajno kroz sokake
Da te držim ja vetrom u struku
Jer ljubavi nigde nema 'vake

Pomiluj me prstima po grani
Te šapući da ćeš doći skoro
Pa mi kaži «Evo vidiš tu sam»
Došao sam jer sam tako mor'o

Oči tvoje vetar nosi boje
Navikle su na sve što je moje
Pa požuri ruke pruži meni
Reci "Volim" samo tvojoj ženi

Moj je Vlado...

Moj je Vlado
Pesnik bio
O čitanju on je snio
Al' ga vetri sa svih strana
Nagradiše, s puno mana

Govoriše neke zloće
Da moj Vlado piti hoće
Ko da oni sami nisu
Upadali u takvu krizu

Sam je čovek tačka slaba
Nije svako baš baraba
Mada neki mnogo znase
Pričat' znaju al' ne zase

Svakog jutra ista tema
Kako Vlado pijan drema
Pa se stislo staro, mlado
Gde je sada Žigić Vlado

Al' da pita niko neće
Da li Vladi pomoć treba
Kako Vlado zarađuje
Da donese kući hleba

Bosut Reka

Nad Bosutom nadnela se duga
A na dugi razno razne boje
Te se smeši i govori tiho
Teci reko kroz Batrovce moje

Godinama ja sam ovde s tobom
Žubor, miris svaki tvoj ja poznam
Tišina te obavija stalno
Nebo plavo a i sunce sjajno

Kraj Bosuta narasli su mnogi
Reka im je dah života dala
Sad se sećam trčala sam tuda
I ja isto kad sam bila mala

Moj je otac pecao na njemu
Naučio on je mene svemu
Kad se setim tih vremena samo
Vratila bih vreme i ostala tamo

Teče Bosut ko uvek bez reči
Sećanje mi opet srce gnječi
Teci reko sad kroz selo moje
Jer i danas ima dece tvoje

Nad Bosutom nadnela se grana
Lepa grana belog Jorgovana
Pesmu peva sada ptica poj
Bosut reko doživljaju moj

Bosut reka i sad na nas čeka

Sandžak

Sandžak grade
Moje rosno cvijeće
Tebe niko zameniti neće
Nema blaga
Na svetu ovome
Tebe čuvam
Nedam te nikome

Rasuli se zraci sunca sjajnog
Na sinove
i na ćeri tvoje
Sandžalije nose te u srcu
Ti si za njih
Nešto najmilije

Pa kad zorom
Zračak sunca virne
Pa ustanu mlade Sandžaklije
Svud po gradu
Odjekuju pesme
Mladić curu
Dirati sad ne sme

Lice

I dok latice lete
Koje vetar nosi
Zaplići čuperke
Tu po tvojoj kosi

Setim se uvek
Onog smeška tvoga
I toplog uzdaha
Dečačkog moga

Još samo jedan
Minut da prođe
Možda se seti
Ponovo da mi dođe

Pa kao deca
Što prašinu dignu
I na kraj sveta
Kroz igre stignu

I maštam ponovo
O onom belom licu
I na papiru uzdaha
Crtam ti skicu

Pa ću polako
Prstima svojim
Umesto tebe dodirnuti
Moje gitare žicu

Tvoja žena

Dok suton polako pada
Na kraju našeg grada
Ti gledaš u oči snene
U oči voljene žene

Dok vetar piše po licu
I steže ko tambure žicu
Nežno, tiho, lagano
Ko golub, svoju golubicu

I zvuci pesme drage
Što sutonom ko talasi plove
Zovu te lagano, tiho
Da kreneš do žene tvoje

Ona je samo tvoja
I ničija neće biti
Smešak u oku njenom
Istinu neće kriti

Neka

Neka ti proleće svrati u krilo
I ne brini nikad moje milo
Jer ljubav ova naša je sveta
Smeši se svima poput deteta

Jer srce ovo reši da čeka
I ako godine prolaze, neka pa neka
Da, srce ovo i dalje voli
Trpiće svašta pa čak i boli

Oči ne moraju videti nikad
I ako znaju da čak i sad
U snovima letiš i meni se nadaš
I sigurno znam da meni pripadaš

U gradu ovom

U gradu ovom sveta nema
Odkako krenuh putem poema
I ljubav se prava potpuno sakrila
Za mene nije ni malo marila

Po pločniku starom čuju se koraci
Nekad su bili nekome znaci
Da s'terase siđe i krene zamnom
Starim pločnikom, uličicom ravnom

Prošli su dani i sakriše samo
Svu onu ljubav i osmehe tamo
Na prozoru više nikoga nema
Ni goluba onog, koji tamo drema

Al' dalje moram jer nemam kuda
Ljubav se ne može pronaći svuda
Pijana srca od ljubavi moje
Još uvek sanjam osmehe tvoje

Uzdaj se sine

Četrdeset peta godina je bila
Kada me otac poveo sa sobom
Govoreći da pazim na korake svoje
Da me niko ne učini svojim robom

"Jer želje sine ovoga sveta
Mnogo su veće od želja deteta
Zato se pazi svakog čoveka
Jer ni brat bratu ne ostaje brat do
veka"

I gazim za ocem pratim mu stope
Dok tragovi polako iza mene se
tope
Otac se šunja na prstima hoda
Da spase krv roda svoga

U ruci mi kora bajatog hleba
Jer tuđe mi ništa nikad ne treba
I tako mi reče moja mati
Da će Bog svevišnji sve drugo dati

"Uzdaj se sine u jednog Boga
Jer će i otrov da postane voda
Ako to njegova volja bude
Jer On dade sina da spasi sve
dobre ljude"

I sad se sećam što rekoše stari
"Za tuđu koru sine, nikad ne mari
Jer svakom čoveku bar hleba treba
Sve drugo sine doće sa neba"

A onom kom treba sve više i više
Život je njegov ko šećer posle kiše
Lagano se topi i nestaje polako
Na stubu srama gde ga vidi svako

Ma čoveče halapljivi

Ma čoveče halapljivi
Kada ćeš stati
Zar ne vidiš stvarno
Da zemlja zbog tebe pati

Da milioni hleba
Nemaju više
A ti obećavaš
Lanjske kiše

Ma kako možeš
Po ljudima da hodaš
I da se smeješ
Kad treba dobro da daš

Nemoj da misliš
Da pobednik možeš biti
I da će neko izdajnika kriti

Zar ti je toliko loše bilo
Pa si pustio bludnike
U svoje krilo

Koji su čekali
Krenutak taj
Da ti dokažu
Da ti nisi zmaj

Doći će minut
I tvoga plača
Stradaćeš sigurno
Od Mihailovog mača

Kad četiti jahača
Pošalje svoja
Da ti dokaže da zemlja
Ne može biti tvoja

Gledam

Gledam zimu proleću se divi
Al' mu ipak hladnim vetrom piri
I snegove pozvala je svoje
Ko da želi reći: "sve je ovo moje "

Al' proleće nasmeši se tada
Pa govori "Zbogom moja draga"
Prošlo vreme vidimo se opet
Donet' ću ti visibabe cvet

Pa nam leto onda tu proviri
Osmeh sunca tad nama raširi
Donese nam cveće sa svih strana
A i ptice što poje sa grana

A jesen nam raspe boju zlatnu
Sve izgleda ko na nekom platnu
Sunca ima a i vetrić pirne
Putem ide sve do bele zime

Šta ti vredi

Šta ti vredi sav taj trud
Ako živiš uzalud
Kada živiš sam ko stena
Kad kraj tebe nikog nema

Šta da radi čovek živ
Ako svakom on je kriv
Ako puta on ne vidi
Ako ne zna da se stidi

I dok u ruci sveća gori
Ovo srce za dah se bori
Drhti ko prut na vetru jakom
Ruku ne pruža više svakom

Nada se eto probudićeš se
I zato još uvek ne predaje se
Ispravi grudi i gordo hoda
Jer život nije samo čista voda

Ma pusti prijatelju

Ma pusti prijatelju
Sve te muškarčiće
Što na ženi ne vide
Ništa sem guzice

A bele ruke
Oči i lice ko od svile
Za takve prostake
Ništa nisu bile

Pa da zagrle
Srce što kuca
Crvene obraze
I devojku što muca

Dok ga gleda očima nežno
I šapće mu nešto vrlo utešno
Kad se kose raspu padnu na
ramena

Volećeš je sigurno,jet to je tvoja
žena

Ona će prva biti kraj tebe
Gledati u oči i dati ti sebe

Zato svi oni što ne vide blago
Čine i žive kako im je drago
Sve dok ne izgube dukat iz ruke
Pa tek onda shvate,
Svoje nove muke

Isus Hrist

Nebesa se otvoriše
I pogledah malo više
A Arhangel Mihailo
Konja belog jaše

Skupiše se brže bolje
Oni što se Bogu mole
Da zahvale za spas sveti
I što neće više mreti

Svi pevaju svetu pesmu
Ne postoji to što nesmu
Da spominju ime sveto
Što im beše tad oteto

Nahraniće Božja ruka
Svakog gladnog koji kuka
I bolestan ozdravit će
Na bolest zaboravit će

Mrtvima je život dao
Oca volju poslušao

Krvlju on prosuo
Samo da bi nas skupio

Svaki onaj ko veruje
I spominje ime sveto
Njega čeka život čist
Život dade Isus Hrist

Počelo je

Počelo je sve sa laži
Sad me tvoje srce traži
Kao cveće koje vene
I ostavlja uspomene

Za istinu mi smo znali
Al smo malo verovali
Poželesmo igrati se
Kao deca posle kiše

Pisali smo, smejali se
Ali toga nema više
Jer nam život sada piše
Novu stranu malo tiše

Na kolena tad sam pala
Hrabrost mi je tu ostala
Bilo nekad, sad se piše
Da ljubavi nema više

Ima, ima još je tu
Mada krenu sve po zlu
Jer sad priče takve više
Nekome se ponoviše

Deca

I dok ruka ova piše
Papir mi pod rukom jeca
Da napišem dve tri reči
Kao nekad mala deca

Oni tada su pisali
Razno razne priče tkali
Da pomognu svom drugaru
Da pronađe loptu staru

Da ne plaču devojčice
Davali su im sličice
One bi se tad smejale
Krunice od cveća dale

Vremena se promeniše
Kao vetar posle kiše
Sve sad ide svojim tokom
Nestaje pred mojim okom

Proleće

Proleće u oku nosiš
I smešiš se njime meni
A ja se bojim da krenem
I ako srce govori
"Ne boj se već samo kreni"

Bosonoga vitkog stasa
Haljina svilena viori
Govorim s osmehom sebi
Budućnost sebi stvori

I pod granama cvetnim
Vidim ponovo sjaj
Sećam se pogleda tvoga
I da je bio Maj

Prstima dodirujem smesak
Što usne tvoje krasi
Osmehom društvo ti pravim
Da znaš, jedini za mene da si

Lastavica

Lastavico, ptico moja
Gde te nosi ljubav tvoja
Kad zapadu ti poletiš
Pokušaj da me se setiš

Pa proleću kada kreneš
Raširiću grane svoje
Da pronađeš svoje gnjezdo
Tu u vrhu grane moje

Ti ptičice što mi pevaš
Pesmu svoju u proleće
Doleti mi svakog jutra
Pomiriši s grane cveće

Znam ja da me oko tvoje
Iz daleka uvek gleda
Zato ptico divnog glasa
Dođi dok te srce treba

Venac

Kada se haljina bela
Omota okolo peta
Shvatćeš bar onda veruj
Da ova ljubav je sveta

Pa kada vetrić pirne
I podigne krajeve njene
Bar jednom tada shvati
Kakva je ljubav žene

Ne slušaj šta će ko reći
Nit' gledaj u tuđe oči
Kad jutro počne da sviće
Mrak više neće doći

Pa i ako u sutonu dana
Misli moje polete
A ovo srce što peva
Venac od ljubica plavih
Samo za tebe plete

Batrovačka slava

Sad će slava,spremaju se
Batrovčani pravi
Odavno su naučili dvanaesti se slavi
Kolači su sad već spremni
Biće i pečenja
Piva,soka i rakije,nema čega nema

Gosti već u napred znaju
Gde će pokucati
Domaćica vredna rano kafu će
skuvati
Spremljene su razne slasti
I kulen od lane
Kobasice, suvog mesa
Biće tu sa strane

Od muzike,tamburica
Sremačka se čuje
Na raskršću šator stoji i pevaljka tu
je
Pa kada se veče spusti

I zvezde se skriju
Puste goste nako lepo da se i napiju

U kafani na raskršću galama se
čuje
Konobari mladi služe piće hladno tu
je
Gledaju se utakmice tv se ne gasi
Ima sveta koji vole piti na terasi

I momci su spremili se
Za cure sa strane
Neko će se oženiti dvanaestog bez
mane
Kako god je biće slava
Biće kao uvek prava
Dvanaesti je blizu sada
Samo kiša da ne pada

Dvanaesti nam eto stiže
Tiho on sad zove
"Ko zakasni čekaće me
do godine nove"
Dobro došli prijatelji u Batrovce

male
Videćete ljude dobre znaju da se
šale

A i one što su ošli
Nostalgija prava hvata
Svako nađe nekog svoga,
druga, sestru ili brata

Veselje se čuje sada,
Sve do kasno doba
Jedanput je u godini mora da se
proba
Dobro došli dragi gosti
Batrovci vas zovu
Dobro došli nam u goste
Sad na slavu ovu

Opanak i komarci

Imali su pravo naši stari
Kad su rekli šta opanak to je
Kad opanak jednom ti podšiješ
Puca jače no papuča što je

Pa se vrti, duva pa i viče
Sve opanka mora da se tiče
Pomislio jadan, bedan da je
Novacija koja će da traje

U mozak mu naduvali stranci
Da svet ovaj samo su komarci
Da ne mogu ništa drugo više
Sam' da zuje kao posle kiše

Al jadniče zar ti jasno nije
Da će tebi biti ko i prije
Kad te budu ostavili stranci
Napast će te tad gladni komarci

Dal' ćeš moći tada da se s'kriješ
S'čim ćeš glavu svoju da pokriješ
Zaboravit' ti ćeš tad na slavu
Pitat' ćeš se kako spasit' glavu

Šta bi dao

Šta bi dao da sam tu
Tu na tvome jastuku
Da te moje oči prate
I pogledom meni vrate

Da te ruka misli moje
Dovedu u gnezdo tvoje
Prsti da ti kose mrse
I sećanja da se trse

Šta bi dao da sam tu

Pa korakom tim laganim
Da mi dođeš ti u krilo
I da bude opet tako
Kao što je nekad bilo

Šta bi dao da sam tu

Pesma leti da uhvati
Tvoje prste tanke duge

Da pretvorim tvoje snove
Srećom tkane boje duge

Šta bi dao da sam tu

Ljubav se rađa

Ljubav se rađa u pogledu
Ko jutarnja rosa u ogledu
I baš kao što sunce sine
I umije lice sa te daljine

I ruka ide ka tebi
Kroz tanki veo što ne bi
Prolio suzu ni jednu
Za devojku mirnu i čednu

I dok se stranice broje
Ko jutarnje ptičice što poje
Još uvek se nadam tebi
A zašto još uvek nebi

Nikad se ne zna možda će doći
Prstima tananim kroz kosu mi proći
U svitanju svakog novoga dana
Baš tebe čekam nado tanana

Jednog dana

U smiraju jednog dana
Sedi mirno tako sama
Leptirica belih krila
Kao divna, bajna vila

Pogled sunce što crveni
Ruke pruža ovoj ženi
Dok još uvek ima sjaja
Kreće putem zaborava

Obećanja mnoga slaže
S ljubavlju joj opet kaže
Da ga čeka sve do jutra
Doći će joj opet sutra

A kad sutra zora sine
Sunce zove sa visine
Traži svoju dragu svuda
Al nema je vidi čuda

Čekala je ona dugo
Dozivala dođi tugo

Svakog jutra tu je bila
Burma pade njoj iz krila

Zaspala je leptirica
Mala bela sanjalica
Svojim putem krenula je
S onog mesta nestala je

Suza jedna tu je pala
I tuga je zaplakala
Ništa nije kao prije
Ni sunce se sad ne smije

Zraci Sunca

I dok se zraci sunca
Po tebi rasipaju glatko
S usana se ote uzdah
Što govori "mmm slatko"

I pružih ruku
Da dodirnem niti
Što kao pesma
Tvoje lice kiti

Ako sa srca otresem prašinu
Bojim se zbuniću ovu tišinu
Što zvucima svojim kaže
Da budu mirni
A vetru govori " Malo jače pirni "

Dok po koži rosa
Kružni tok sad pravi
Kapljica klizi ko da nešto slavi
Pevuši tiho ide ka svom cilju
Da završi put svoj u devojačkom
milju

I kao prstom, pogledom prati
Linije zore koja će da shvati
Da u oku sjaj koji sad vidi
Nije ništa gadno, neka se ne stidi

Vrata Sunca

Otvorilo sunce svoja vrata
Pa se smeši svima nama dole
Zrake pruža kao ruke nežne
Ko kod nekog seoskoga lole

A zraci mu lepi tako sjajni
Nežno grle sve nas ovde sada
Dočekasmo da vidimo opet
Da šetaju ulicama grada

Zavoleo narod zrake ove
Pa ih čeka od jutra do jutra
Navikli su da se bude rano
I čekaju svako novo sutra

Pa i sada evo ga baš viri
Vetrić mio neće da se smiri
Toplotu nam poput pisma šalje
Širi zrake sve dalje i dalje

Ako te sretnem

Ako te sretnem negde
U sutonu jednoga dana
Da li će srce tvoje
Reći nešto o nama

Pa da me veo sneni
Prekrije tako samu
Da ugledam zrake sunce
A ne samo ovu tamu

Pružiću ruke ka vetru
Što tvoje reči nosi
Da zamrsi prste svoje
U mojoj dugoj kosi

I osmeh onaj nežni
Što prelazi licem tvojim
Seća me nih dana
Kad si se zvao mojim

Navikla sam

Navikla sam eto tako
Da je dobro al' nije lako
Pa da tebi pričam dragi
Priču koja srce sladi

Prošlo vreme, baš prolete
Kao ptica s grane slete
Nismo više ona deca
Što menjaju medu za beloga zeca

Dok se vetrić poigrava
Pa nam bore druge stvara
Misli moje prošlost grle
U detinjstvo opet hrle

Šta da radim ne znam sada
Sve je bilo lepše tada
Kud bi moglo da se krene
Da se ništa ne promene

Raj na zemlji

Kad četiri jahača pošalje svoja
Da ti dokaže
Da zemlja ne može biti tvoja
Da ono što stvoriše ruke svete
Može dobiti neko, čije je srce kao
Što ga ima malo dete

Kad četri jahača pošalje svoja
Na zemlji će mrtvih biti bez broja
Glad, bolest i rata preko ruke
Čovek do sada nije osetio takve
muke

Što se ne upitaš
Zašto te to stiglo
Zbog tvojih želja
I more se diglo
Da povuče onog
Ko Boga ne zna
Ne zato što ne zna,
Nego zato,što neće da ga zna

Al spremio otac naš je sveti
Uska vrata
Kroz koja će neki samo proći
I sina je on zbog nas tad dao
Raj na zemlji sigurno će doći

Svuda sad se beli

Zaledio Bosut,
Raduju se deca
Samo ribolovac
Nema šta da peca

Očevi su deci
Izneli sad sanke
Nečije su krupne
A nečije tanke

Svuda sad se beli,
Neko nešto voli
A seljak se ranom zorom
Bogu svetom moli

Da godina bude
Plodnija no lane
Da može da živi
Od ubrane hrane

Zora eto sviće
I đaci su spremni
Od hladnoće zimske
Nosići rumeni

Gde god da pogledaš
Batrovci se bele
Ali sve su manji
Jer se mladi sele

U školi su đaci
Al sve manji broj
Ne čuje se više
Čak ni ptica poj

Sve se nešto menja
Samo sneg se beli
Deca se raduju
Na sanke su seli

Misli čovek

Misli čovek da jači je od Boga
Pa ne pazi više
Na bližnjega svoga
Ali Bog se varati
Nikad nije dao
Jer moral čovekov
Nisko sad je pao

I pored vremena koje dobio je
Čovek je još gori
Sada postao je
Život svoj on truje
Zdravlju se u lice smije
A posle troši pare
Jer mu lako nije

Halapljivost vlada čak i među svojim
Svako čuva svoje al se hvali tvojim
Ali neka eto i to će sad proći
Pa će nama novo jutro opet doći

Meni će oprostiti

Meni će oprostiti more
Što slušat' ga nisam htela
Meni će oprostiti zore
Što voleti nisam smela

I ovaj vetrić što igra
Pilcike po prašnjavom putu
Još uvek čuva osmeh
U usana jednom kutu

A kada prođem rukom
Kroz cvetove poljske bele
Kao kroz kose tvoje
Od sunce se u kovrdže uplele

I dalje gledam u daljinu
I udišem zore milinu
S' usana osmeh opet se ote
Bože mili, kakve lepote

Lepoto moja

Lepoto moja
Sve sam ti dala
A od tebe nema
Ni oprosti ni hvala
Zato niz lice
Suza sad lije
Jedna za drugom
Sada kao prije

I usne ove
Što šapuću tiho
Sličice razne
Što pred očima lete
A ruke ove
Sklopljene stoje
I mole se za tebe
Kao malo dete

Ne boj se srećo
Ja čekaću još
Za mene vreme
Odavno je stalo

Jer živim za minut
Koji će doć'
U snu ponovo
Da te vidim tamo

I ovo srce
Zakuca brže
Samo na pomen
Tvoga glasa
Setim se vetrića
Koji piruška
I lepog čoveka
Vitkoga stasa

Kada ode neko

Kada ode neko
I znaš da ga nema
Kad te stisne tuga
Teška kao stena
Pa te srce stegne
Kao da će pući
Sam tad sebe pitaš
Za koga će tući

Na rastanku ruku
Ni stegnuo nisi
Nisi mog'o reći
Sve što hteo ti si
Na počinak ode
Jedna duša sama
Koju zovu " Oče "
ili možda "Mama"

Suza još se sliva
Niz obraze bele
Bol u srcu osta
Kao rane cele

Sada kad pomisliš
Nemam nikog više
A srce zaplače
Ko jesenje kiše

Sve što ti sad osta
To je tuđa kuća
Ali ruka ova
Nije tol'ko vruća
Da zagreje srce
Jednom rečju samo
Jer onaj što te voleo
nije više tamo

Ali idu dani
Nada srce grije
Onaj što je oš'o
I koga sada nije
Ponovo će doći
Zakucat' na vrata
Moćeš tad zazvati
"Majko,Oče,
Sestro ili ime brata"

Majci

I ako te ne mogu videti više
Na momenat jedan ni za deset leta
Čekaću opet da nam se vratiš
Sa nadom u oku poput deteta

Sad tamo gde si vetar lišće nosi
A ti si zaspala kraj oca sama
Sačekaj još malo doći će vreme
Da ponovo budete opet sa nama

I ako se suza sliva niz lice
Za sve one boli što podnela ti se
Ko prava majka za tvoja tri čeda
Ustakla nikad u nazad nisi

Mogla si tražiti bolji život
Jer svako bi dete uvek tvoje bilo
Al si zbog nas trpela svašta
I skupljala nas ko piliće, u svoje krilo

Zaboravu tebe nikad dati neću
I ako život od nas pravi pione
Jer nema tog blaga što može da
plati Zagljaj tvoj topli i oči nežne one

Podrži ženu

Podrži ženu
Koja je izgubila
I ćerku i unuku u jednom trenu
Kojoj se život srušio na leđa
Koju svaka reč sada mnogo vređa

Podrži ženu koja se bori
Da ponovo život, kakav takav stvori
Koja će od sad gledati u vrata
Jer nema ćerke da zazove mama i
tata

Podrži ovu jadnu dušu
Što suze danju i noću broji
I što joj stalno čežnja za detetom
Ko velika knedla u grlu stoji.

Lepota je žene

Lepota je žene
U srcu njenom
Ne u belini
Njene puti
Ni sjaju oka
Koje te gleda
Već u poruci, što u glasu može
Da se nasluti

Dok kose svoje
Češlja ko svilu
I pevuši neku
Pesmu milu
Misli joj lete
Samo ka tebi
Ko leptir beli
Kroz snove lebdi

Seti se glasa
Ko naj lepše pesme
Jer nema toga
Što ona ne sme

Napisati slovo
Koje ti godi
Kroz pesmu ovu
Polako te vodi

Kada upoznaš negde
Ovakvu ženu
Ne stavljaj nikakvu
Na nju senu
Već pazi na nju
Ko o najlepšem cvetu
Da živiš životom što je
Daden samo detetu

Još malo

Još malo da pokidam
Lanac đerdana
Što je pesmom stvoren
Od ženskih mana

Što sija se kao
Biser u vodi
Što sad je skup
I sve više u modi

Pa pogledah bolje
Ju, vidi lepote
Izbrojah kamenje
Ove dobrote

Što šušti u ruci
Dok gletam ga ovako
I pesmu mi piše
Da ne sazna svako

Kao ruke dodir
Na obrazu mome

Đerdani se digoše
Sad ka vratu tvome

Da zasjaje usred
Ovog mrklog mraka
I da svetle sve dok
Noć ostane takva

Puteljkom ide

Puteljkom ide
Ko utvara žena
Odora njena
Po stazi se vuče
A u grudima srce
Kameno stoji
Ne plače,
Samo ko ludo tuče

Gde li da krene
Na koju stranu
Pita se žena
Pogleda tužnog
Nazad ne može
A i ne želi
Putevi njeni
Za nazad su sveli

Korake broji
Nesretna ona
I ko zna koji put
Sama bez broja

Rečeno, nazad
Povući se neće
Odavno nije
Ovako bila bez sreće

Al jedan leptir
Na grančicu slete
I izmami joj osmeh
Baš ko malo dete
Vodi je stazom
Ka njenoj rosi
Dok vetar joj mrsi
Prste u kosi

Slika

Linije prave
Kose i krive
Ko da su nekad
Bile žive
Na belom platnu
Ko na papiru
Niko ih ne dira
Pa leže na miru

Al kad se malo
Zadubiš dublje
Složene stoje
Ko belo rublje
Postavljene tu
Na platnu belom
Pa postaše lepe
Ko nevesta pod velom

Slikar se trudio
Da nešto kaže
Da ima nešto
I od novca draže

I ako mnogi
Ne misle tako
Već govore da sve to
Postaje lako

I gledam u linije
Što se množe
I pomislih, jednostavno
Al' lepo, moj Bože
Kako su stvorene
Bez i jedne mane
A izlaze sa jedne
I sa druge strane

Pogled

Pogled za pogledom
Polako se niže
Ko biseri đerdana
Jedan drugog stiže
Misli se eto
Sad u glavi roje
Al oči uprte
U jedno mesto stoje

Kakvog blaženstva
Šapću sad usne
Ko kapljica rose
Jutarnje, ukusne
Svud je tako lepo
I mir sad se čuje
Nema više niko
Da te mrzi i pljuje

I stazom krenuh
Korak po korak
A leptir tu slete
Ko vetrić lak

Al ove boje
Nema sad nigde
Pa i drugi trče
Da bar jednom vide

Pogledaj samo
Lepote deo
A zemlja će postati
Ko ovaj raj ceo
I svud po sevtu
Pesma se ori
I glas se
Diže ka onom
" Što uzrokuje da se sve stvori "

Štampano u Junu 2017
Pravo depozita u Junu 2017
Izdavač: *Lulu.com*

ISBN : 978-0-244-91422-6
N° EAN : 9780244914226

FIN

Made in the USA
Middletown, DE
20 January 2018